MW01633231

LE PATRIMOINE DE L'HUMANITÉ

PALAIS D'EUROPE

« La planète Terre offre, aujourd'hui encore,
un catalogue étourdissant
de monuments, de sites architecturaux,
de paysages, de réserves naturelles,
de villes anciennes...
Des centaines de sites, disséminés
sur les cinq continents, constituent
la mémoire du monde. Ces merveilles,
naturelles ou culturelles, sont aussi
une façon de jeter un pont vers l'avenir,
de vivre la Terre en héritage. »

Sur cette photo, l'une des merveilles de notre monde.

Pour la préserver, la faire connaître et mieux l'apprécier, elle a été inscrite sur la Liste du Patrimoine mondial de l'UNESCO.

L'UNESCO nous fait ainsi prendre conscience de ce patrimoine commun. Il appartient à chacun d'entre nous de savoir le partager et de contribuer à sa sauvegarde afin que subsistent ces témoignages des civilisations, et ces sites magnifiques.

Pour Federico Mayor, directeur général de l'UNESCO, « la planète Terre offre, aujourd'hui encore, un catalogue étourdissant de monuments, de sites architecturaux, de paysages, de réserves naturelles, de villes anciennes... Des centaines de sites, disséminés sur les cinq continents, constituent la mémoire du monde. Ces merveilles, naturelles ou culturelles, sont aussi une façon de jeter un pont vers l'avenir, de vivre la Terre en héritage ».

Une partie du prix de ce livre sera versée au Fonds du Patrimoine mondial de l'UNESCO et contribuera à la conservation des sites inscrits.

ISBN UNESCO 92-3-202598-1
ISBN BORDAS 2-04-019935-7

Palais d'Europe

Le XVIIIe siècle fut à coup sûr révolutionnaire. Il s'y produisit des changements fondamentaux dans tous les domaines, qui mirent fin à la société traditionnelle fondée sur des structures figées et ouvrirent la voie à la société moderne.

L'esprit philosophique du Siècle des lumières fut la clé de ce processus. Les encyclopédistes (philosophes, penseurs, savants) et leurs émules (un petit groupe d'hommes cultivés appartenant à l'aristocratie et à la bourgeoisie), inventèrent une nouvelle conception de l'existence, fondée sur une foi aveugle en la raison et en la capacité de l'homme à changer le monde et à le conduire vers le progrès et le bonheur, conçu comme le bien-être matériel.

Ils critiquèrent implacablement le savoir traditionnel, les superstitions si profondément ancrées dans la société, l'absence de logique et de cohérence dans les structures politiques et économiques. Ils proposèrent comme solution une formule simple et infaillible : « L'homme est capable de dominer le monde, il suffit de laisser agir la raison, de lutter contre l'ignorance qui l'empêche d'être heureux, de croire en lui-même. »

Ce courant de pensée, pragmatique et optimiste, fut le moteur des révolutions décisives qui se succédèrent sans trêve tout au long du Siècle des lumières pour atteindre leur paroxysme avec la révolution de 1789.

À la manière française

La construction des palais européens se pliait aux normes édictées par les Français. Le caractère majestueux des édifices, le raffinement de la décoration et la somptuosité des jardins furent rapidement imités par les Allemands et les Anglais. Sur la photographie supérieure, appartement d'été du château d'Augustusburg, à Brühl. En bas, un angle du magnifique château de Fontainebleau.

Les révolutions du XVIIIe siècle

L'Europe avait connu, jusqu'à bien après le début du XVIIIe siècle, une longue période de paix. L'absence de guerres et d'épidémies catastrophiques, les progrès scientifiques et médicaux ainsi qu'une situation économique favorable due, en partie, à une succession de bonnes récoltes, furent la cause de la première révolution du siècle : la révolution démographique.

La population européenne connut une croissance sans précédent : de 114 millions d'âmes en 1700, elle passa à 180 millions en 1800. Cette réalité fut sans aucun doute la raison du déclenchement des grands changements qui eurent lieu au cours du siècle dans le domaine économique, les structures sociales et, pour finir, au niveau politique.

L'augmentation de la population imposa la réforme de l'agriculture afin d'obtenir de meilleurs rendements, l'introduction de nouvelles cultures pour éloigner le spectre de la famine, l'amélioration des procédés de production textile, la recherche de sources d'énergie supplémentaires, l'adaptation de la navigation au commerce transocéanique...

L'esprit curieux du siècle se refléta dans la recherche de solutions. Les inventions et les progrès techniques se succédèrent en chaîne et leur application dans le secteur du textile et de la métallurgie entraîna, aux environs de 1750, la

Le rêve d'un roi

Versailles, le rêve de Louis XIV devenu une incroyable réalité, est le palais des palais, le modèle que tous les autres palais de l'époque tentent d'imiter. Si la puissance de ce roi absolu fut crainte par tous les Français, le monarque fut également admiré pour son œuvre colossale de bâtisseur. À droite, statue équestre du souverain. En bas, à gauche, détail du palais avec une des pièces d'eau du jardin.

A TOUTES LES GLOIRES DE LA FRANCE.

naissance, en Angleterre (le pays le plus avancé d'Europe sur le plan technique), de la révolution industrielle.

Avec elle, la société se transforma ; on vit apparaître le prolétariat, une nouvelle classe formée par les ouvriers des usines, et la machine, peu à peu, remplaça l'homme.

Et, enfin, se produisit la révolution politique.

Dans les pays européens, à l'exception de l'Angleterre, les monarchies absolues s'étaient maintenues en place et la révolution par le haut, inspirée par l'esprit des Lumières, s'avérait insuffisante pour résoudre les problèmes et les injustices provoqués par la concentration des richesses et du pouvoir entre les mains du roi et des classes privilégiées. La devise « Tout pour le peuple, mais sans le peuple », n'avait pas réussi à faire taire les revendications de liberté et d'égalité exprimées par ceux que l'on appelait le tiers état, composé de la bourgeoisie, des paysans et des ouvriers.

La France, qui traversait une période particulièrement difficile, fut le berceau de la révolution. Les abus de la noblesse, la faiblesse de la monarchie, la pression de la bourgeoisie et la pénurie dans laquelle vivait le peuple créèrent un climat favorable au développement des idées des penseurs d'avant-garde, comme Montesquieu et Rousseau, qui devinrent des « idéaux » pour lesquels il fallait se battre.

Le siècle des découvertes

En l'an 1705, l'astronome anglais Halley publia son livre sur « La Trajectoire des comètes » où il affirmait que les comètes tournaient autour du soleil. Pour déterminer ce fait, il partit de la similitude existant entre l'orbite décrite par une comète en 1682 et celle qu'avaient observée d'autres astronomes en 1531 et en 1607.

Halley prédit qu'en 1758, la même comète devait repasser. Depuis lors, on nomme « comète de Halley », en hommage à son inventeur, ce « visiteur » que l'on peut voir tous les soixante-cinq ans environ. Une multitude de légendes y est attachée ; catastrophes et mauvais augures lui sont associés, mais cela sort du domaine scientifique pour entrer dans celui de l'imaginaire.

Entre 1749 et 1752, Benjamin Franklin découvrit que le tonnerre et l'éclair étaient de nature électrique. Cet homme, de nationalité nord-américaine, fut un philosophe, un physicien et un homme politique. Fils d'un humble fabricant de chandelles, il travailla d'abord avec son père. Par la suite, il fonda une bibliothèque, un hôpital, une compagnie d'assurances... Cependant, la grande passion de sa vie fut la recherche sur les phénomènes électriques.

Pour réaliser ses études, Franklin plaçait une série de baguettes métalliques sur des cerfs-volants qu'il lançait ensuite dans les airs les jours d'orage. Il pouvait ainsi observer les décharges qui se produisaient entre les nuages et les baguettes, ce qui lui valut l'invention du paratonnerre.

Le XVIIIe siècle fut celui des découvertes. La grande curiosité humaniste et scientifique de l'époque est résumée dans la phrase de Kant : « Ose savoir », véritable défi à l'ignorance.

Un style d'intérieur

Le rococo s'épanouit surtout dans la décoration intérieure des palais : meubles, porcelaines, riches tapisseries et également peintures. Sur la photographie, détail d'une tapisserie du palais d'Augustusburg, œuvre fondamentale du rococo allemand. En bas, situation des palais dont il est question dans cet ouvrage.

MER
DU
NORD
OCÉAN
ATLANTIQUE
Blenheim
Falkenlust
Augustusburg
Versailles
Würzburg
Fontainebleau
MER NOIRE
MER
MÉDITERRANÉE
SITUATION DES PALAIS

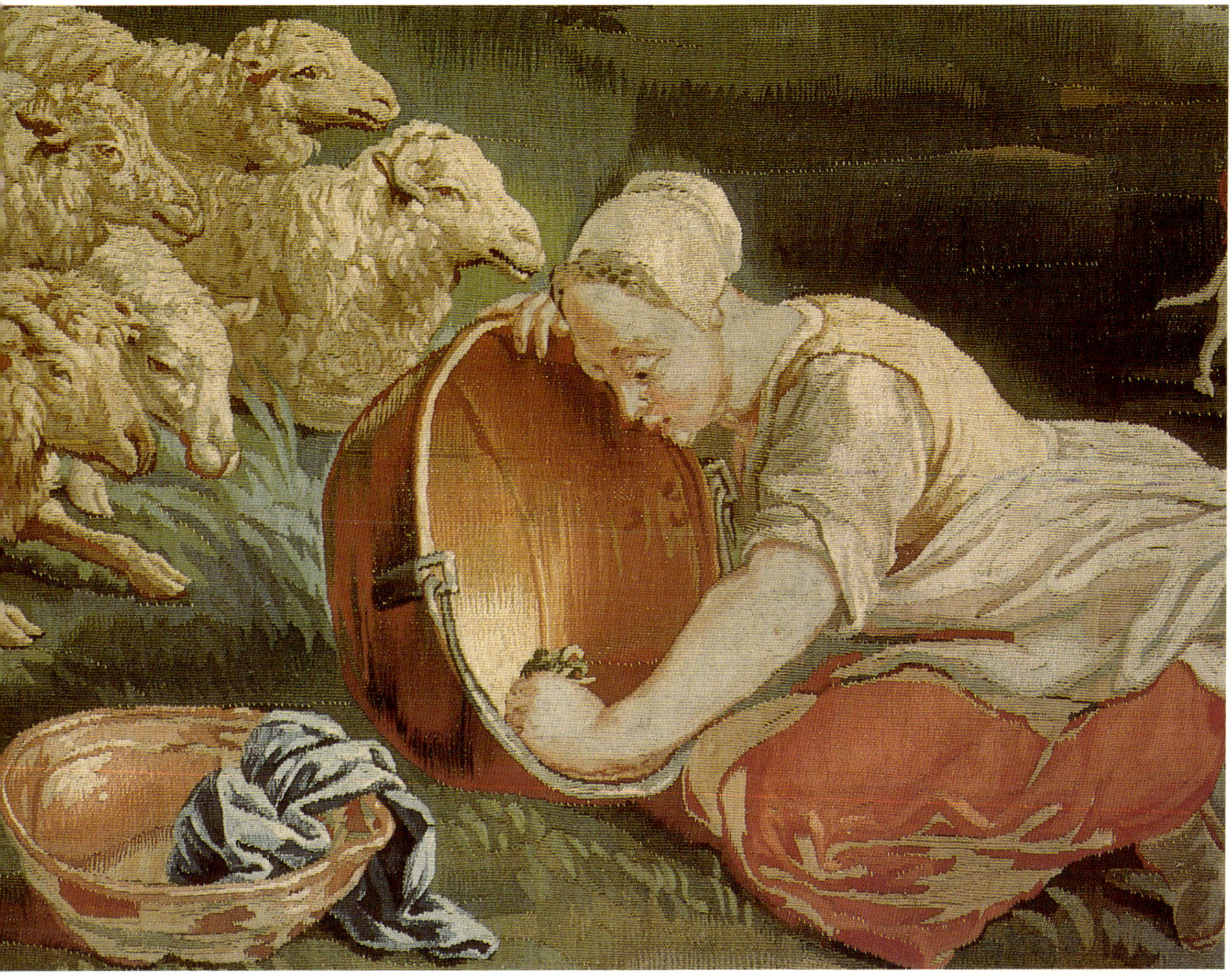

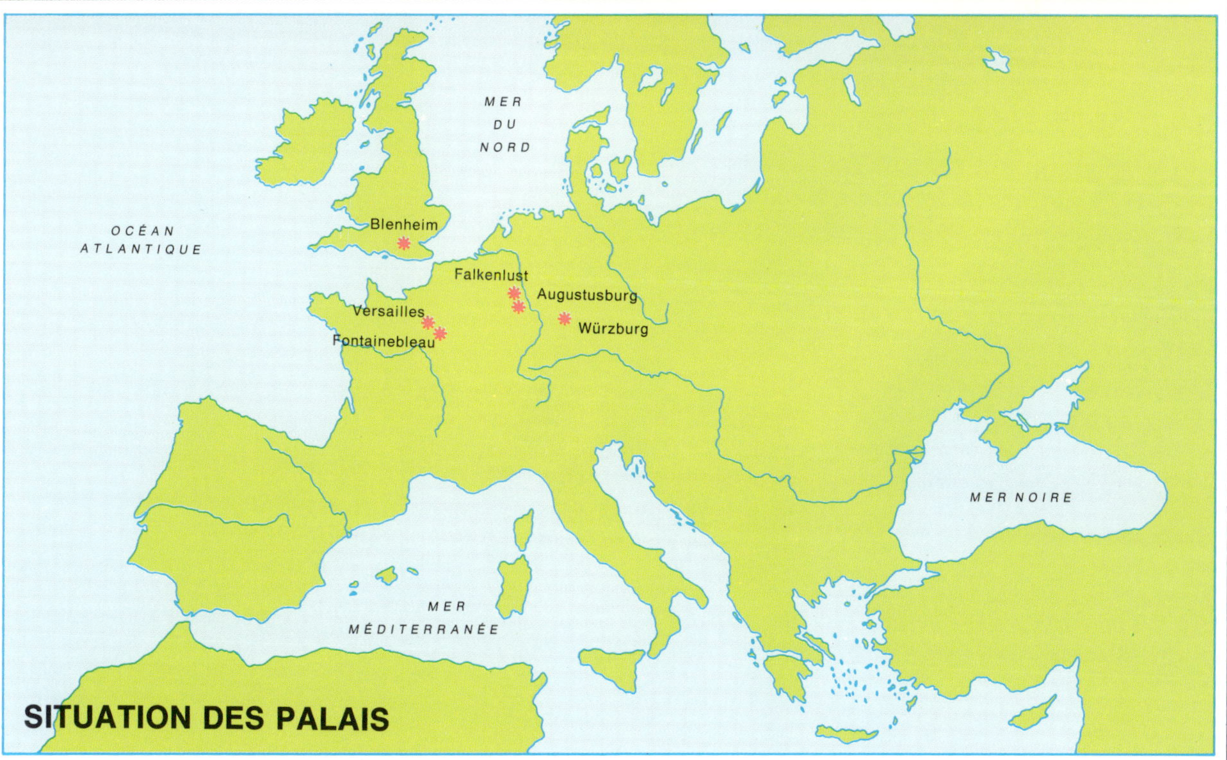

Le 14 juillet 1789, lorsqu'éclata la Révolution, des concepts comme l'égalité des droits, la souveraineté du peuple, la séparation des pouvoirs (en un mot, la démocratie), commencèrent à faire leur chemin.

Le rococo

Le style rococo naquit en France au début du XVIIIe siècle. Paris était alors le centre de diffusion du « bon goût », la capitale de la mode et de la courtoisie. L'Europe se soumettait à l'influence française ; on parlait et écrivait en français, on s'habillait à la mode de Paris, on admirait les penseurs et les artistes français. Rien d'étonnant, par conséquent, à ce que le nouveau courant artistique se répandisse rapidement et que de nombreux foyers du style rococo fissent leur apparition en Allemagne, en Angleterre, en Autriche, en Espagne...

Le rococo se manifestait surtout dans la décoration intérieure. Il fut l'art de l'aristocratie et de la haute bourgeoisie, de plus en plus riche, qui aimait à décorer ses palais et ses demeures dans un souci de raffinement, de délicatesse et d'exotisme. À l'aspect chargé et solennel des résidences baroques s'opposèrent les atmosphères intimes, humaines et confortables où l'on associait des éléments architecturaux et ornementaux à des meubles, des porcelaines, des peintures..., destinés à créer un espace singulier et exubérant.

Chaque recoin, chaque pièce avait sa personnalité propre et était décoré d'une façon différente selon sa destination. Les intérieurs se transformèrent en un labyrinthe de salons, de petits cabinets, de salons de musique, de galeries et de salles de jeux. L'architecte-décorateur devint un personnage indispensable à la réussite d'ensembles luxueux, gais et, avant tout, élégants.

Pour cela, on eut recours à des matériaux d'imitation, moins onéreux et qui, correctement travaillés, acquéraient une apparence de richesse et de solidité. On en recouvrit murs et

Qu'est-ce que c'est ?

Balustrade : clôture composée de colonnettes.
Cénotaphe : monument funéraire qui ne contient pas les restes du défunt.
Fauconnerie : chasse à l'aide de faucons.
Coupoles imbriquées : voûtes en hémisphère disposées en séries superposées à la façon des écailles d'un poisson.
Stuc : composition à base de chaux, de plâtre, de poudre de marbre et d'albâtre mélangés à une solution de colle, dont on recouvre murs et objets et que l'on peut ensuite décorer ou peindre.

Rocaille : décor composé de motifs reproduisant les formes des coquillages.

Le triomphe des arts décoratifs

Le rococo fut le reflet de la joie de vivre de l'époque. Tous les objets (tableaux, meubles, porcelaines, miroirs, pendules) furent traités avec un souci extrême du détail. À droite, scène de chasse au faucon dans la pavillon de chasse de Falkenlust et pendule de la résidence royale de Würzburg.

Profusion ornementale

Napoléon Ier fit construire à Fontainebleau cette merveilleuse salle du Trône. La photographie permet d'apprécier la magnificence de sa décoration : le lustre, les boiseries, la tapisserie des tabourets, la cheminée, le somptueux baldaquin..., tout reflète le style pompeux de l'époque.

plafonds : boiseries peintes imitant des marbres luxueux, plâtres et stucs travaillés en moulures et en rocailles (l'élément décoratif le plus caractéristique du style rococo), céramiques délicates décorées de motifs floraux et de détails picturaux.

Pour finir, on choisissait les éléments décoratifs : meubles aux formes incurvées dans des tons clairs et dorés ; sièges tapissés de soie brochée ; miroirs savamment disposés afin d'agrandir visuellement l'espace et de le refléter à l'infini ; pendules en bronze posées sur des commodes et des guéridons et qui sonnaient les heures en musique ; lustres composés d'une multitude de prismes et de pendeloques de cristal qui paraissaient jouer avec la lumière ; tableaux évoquant des scènes joyeuses ; porcelaines exotiques.

Pour conclure, le style rococo reflétait le goût d'une époque et d'une société privilégiée baignant dans « la joie de vivre ».

La porcelaine

Cette matière, dérivée de la céramique et élaborée à base de kaolin, de feldspath et de quartz de première qualité, finement broyés et soumis à deux cuissons (la première à une température de 1 200 °C et la deuxième à 1 500 °C) fut peut-être l'apport le plus important du XVIIIe siècle à l'art en Occident. La porcelaine fut découverte par les chinois au VIIe siècle en essayant d'imiter le jade, beaucoup plus rare et cher. Marco Polo en eut connaissance lors de l'extraordinaire voyage qu'il accomplit en Extrême-Orient au XIIIe siècle. Croisés et commerçants l'introduisirent en Europe, où l'on effectua les premières tentatives d'obtention de cette matière d'une finesse extrême. Dès les premières années du XVIIIe siècle, les compagnies de navigation anglaise, française, et hollandaise importèrent massivement des objets en porcelaine de Chine, mais ce n'est qu'en 1693 que l'on découvrit la formule permettant son élaboration en Europe. Nous devons cette « invention » au Saxon Walter von Tschirnaus.

Au cœur de la forêt

Fontainebleau fut redécoré et agrandi au fil des ans selon le goût des différentes époques. Le résultat est un château à la structure extraordinairement complexe, dont chaque détail est digne d'intérêt. Les parties réalisées durant l'apogée du style rococo se caractérisent par la décoration surchargée des murs. La photographie de gauche montre le détail de fresques et de stucs. À droite, ange en plâtre sur une corniche et amphore ornementale. En bas, le somptueux château se mire dans les eaux de l'étang.

Dès lors, rois et princes financèrent les fabriques de porcelaine. Des manufactures furent fondées à Vienne, Copenhague, Moscou, Capodimonti en Italie, Buen Retiro en Espagne, etc. Chacune d'elles possédait son style propre en ce qui concerne les motifs décoratifs, les couleurs et la façon de travailler la matière.

En France, Louis XV fonda en 1756 la manufacture royale de Sèvres, succédant à celle de Vincennes, d'où sortirent les pièces exceptionnelles qui ont fait sa renommée.

Le château et le parc de Fontainebleau

Dans une forêt d'Ile-de-France, près de Paris, fut édifiée au XIIe siècle une petite résidence royale dont il ne reste aucune trace ; nous savons seulement que c'est le roi Louis VII qui choisit ce beau site pour y construire un modeste palais.

Avec le temps, Fontainebleau est devenu l'un des plus somptueux ensembles architecturaux de France. Durant sept siècles, les rois y ont construit des pavillons, des galeries, des escaliers et des jardins jusqu'à en faire un palais de conte de fées, rempli de beauté et de mystère, qui non seulement retrace l'évolution de l'art français à travers les siècles, mais où l'on peut également revivre l'histoire de France depuis les obscurs temps médiévaux jusqu'aux fastes de la cour de Napoléon.

Au XIIIe siècle, le roi Louis IX, qui fut canonisé sous le nom de saint Louis, fit aménager le château et y adjoindre une série de dépendances pour en faire sa résidence.

Puis vinrent des siècles d'oubli jusqu'à ce qu'au XVIe siècle enfin, un autre puissant monarque, François Ier, décida de faire de Fontainebleau un palais somptueux et magnifique.

François Ier fut l'archétype du gentilhomme de la Renaissance, grand homme de guerre (sa rivalité avec le roi d'Espagne, Charles Ier, pour la domination de l'Europe, est célèbre) et en même temps un fervent ami des arts et des lettres. Résolu à conquérir la grandeur de la France et la sienne, il élabora des fastueux projets et ne ménagea ni argent ni peine pour les mener à bien. Il fut également un mécène qui s'entoura des meilleurs artistes français et italiens afin que la France devint un centre artistique aussi important que l'Italie de l'époque.

Grâce à François Ier, Fontainebleau devint une luxueuse résidence royale. Autour de la Cour ovale et de la cour de la Fontaine furent édifiés de magnifiques bâtiments, et surtout une extraordinaire galerie enrichie d'un magnifique décor peint.

Les mansardes du château

L'existence du château remonte à l'an 1137. Au XIIIe siècle, Louis IX fit restaurer l'édifice et construire une série de dépendances. Plus tard, au XVIe siècle, François Ier le transforma en un magnifique château, aménagé en résidence royale et entouré d'un merveilleux jardin. À droite, vue extérieure du château ; on voit dans cette partie de l'édifice les mansardes si caractéristiques de l'architecture française.

Les dernières années du XVIe siècle furent difficiles pour la France : les conflits dynastiques et les guerres de Religion entre catholiques et protestants (les huguenots) paralysaient la vie de la nation, on n'avait plus de temps pour l'art. Lorsque la paix revint, Fontainebleau vécut son second âge d'or. Le roi Henri IV continua à agrandir et à embellir le palais et, surtout, les immenses jardins. Depuis lors, tous les souverains français ont contribué à la grandeur de Fontainebleau.

Au XVIIe siècle, Louis XIII fit construire le grand escalier en fer à cheval et Louis XIV ajouta un ensemble d'appartements et transforma les jardins. Au XVIIIe siècle, Louis XV décora les petits appartements dans le goût rococo. Quant à Napoléon, il éleva le château au rang de « première résidence impériale » et y investit d'énormes sommes pour l'aménager et le redécorer dans le style surchargé et pompeux de l'époque.

On retrouve partout à Fontainebleau une même constante : la distribution des édifices autour de cinq grandes cours : la cour du Cheval-Blanc, ou cour des Adieux, la cour de la Fontaine avec l'étang des Carpes, la Cour ovale, celle des Offices et celle des Princes.

La façade principale de l'édifice est située à l'ouest de la cour du Cheval-Blanc et fut construite sous François Ier. Près de la Cour ovale se trouve la partie la plus ancienne de tout l'ensemble, avec le donjon médiéval de saint Louis. Les appartements de Marie-Antoinette et ceux de Napoléon donnent sur la cour des Princes et, de l'autre côté, sur le jardin de Diane. L'intérieur se compose d'innombrables salles. Parmi elles on distingue notamment la salle du Trône de Napoléon, la salle de Bal, la chapelle de la Trinité, le salon des Jeux et le Boudoir de Marie-Antoinette.

Quelques dates

1643	Accession au trône de Louis XIV.
1701	Guerre de la succession d'Espagne.
1715	Mort de Louis XIV à Versailles.
1733	Perfectionnement du métier à tisser avec l'apparition de la navette mécanique.
1735	Invention de la navette volante.
1751	Publication de l'*Encyclopédie*.
1759	Premier voyage de l'anglais Cook. Il découvre la Nouvelle-Zélande et les côtes orientales de l'Australie. Fondation de l'Académie royale de Londres.
1768	Construction de la première voie ferrée.
1774	Début du règne de Louis XVI. Essor des idées réformatrices.
1781	Découverte de la planète Uranus.
1789	Début de la Révolution française.
1792	Le mètre devient l'unité de mesure de longueur.

L'art des siècles

Fontainebleau est l'endroit idéal pour étudier l'évolution de l'art français au cours des siècles. Sur la photographie du haut, une des façades du château où se détache le célèbre escalier en fer à cheval construit par l'architecte Jacques Androuet du Cerceau entre 1632 et 1634, sous le règne de Louis XIII. En bas, à gauche, vue aérienne de l'ensemble. À droite, armoiries de Napoléon.

Tout cet ensemble d'une complexité extrême est entouré de magnifiques jardins et d'une vaste forêt. Fontainebleau conserve en outre les tableaux les plus importants de la Renaissance française, œuvres d'artistes italiens engagés par François Ier, parmi lesquels se distinguent Giovanni Battista di Jacopo, dit Rosso, qui peignit les grandes fresques mythologiques de la galerie, et Francesco Primaticcio, dit Le Primatice. Outre ces grands maîtres, toute une série de peintres mineurs de l'école de Fontainebleau, d'abord italiens puis français, travaillèrent au château, peignant des scènes de cour, grâcieuses et aux couleurs claires, conformes aux goûts de ses rois et à la destination de Fontainebleau : être un lieu d'agrément paisible et harmonieux.

Le château et le parc de Versailles

Versailles fut sans aucun doute la résidence préférée de Louis XIV, ce roi absolu et puissant, craint et admiré, qui fit de la France la première puissance du monde.

En 1661, le monarque donna l'ordre de faire édifier cet imposant château pour en faire sa résidence habituelle. Cette décision causa l'étonnement ; en effet, Paris comptait de magnifiques palais comme celui des Tuileries ou du Louvre. Cependant, le roi fut séduit par ce village où l'eau était rare, et qui, de plus, était considéré comme insalubre car construit sur un terrain marécageux. Il y avait là un petit château modeste, plutôt un pavillon de chasse édifié par son père, Louis XIII. Ce dernier l'utilisait de temps en temps lorsqu'il éprouvait le besoin de fuir la vie agitée, bruyante et inconfortable de Paris. En outre, à Versailles on pouvait pratiquer la chasse. Quelles furent les raisons du choix de Louis XIV ? Les réponses de ceux qui le connaissent furent très diverses : crainte des émeutes et des révoltes, désir d'éloigner les nobles de Paris ou, simplement, folie des grandeurs. Nous ne le saurons jamais. Ce qui est certain, c'est que Versailles devint, peu à peu, une impressionnante réalité.

En 1678, les travaux étaient déjà bien avancés. Le monarque les dirigeait personnellement, de grandes sommes d'argent y étaient consacrées et l'élite des artistes et des artisans y était mise à contribution. L'architecte Le Vau dessina les plans du château en prenant comme centre le vieux pavillon de Louis XIII. À partir de celui-ci furent construites les grandes ailes reliées par une énorme terrasse. Son successeur, Mansart, respecta le projet initial mais ajouta deux éléments nouveaux qui s'avérèrent décisifs et conférèrent à Versailles son exceptionnel caractère de majesté : l'escalier des Ambassadeurs et, surtout, la grandiose galerie des Glaces, mesurant 76 mètres de long sur 10 de large, ouverte sur l'extérieur par 17 grandes baies que reflètent 17 spectaculaires miroirs placés sur le mur opposé.

Des jardins sans pareils

Si les intérieurs de Versailles sont absolument remarquables, l'extérieur ne le cède en rien. Les jardins, conçus par le paysagiste Le Nôtre, occupent une centaine d'hectares. On y voit des centaines de fontaines décorées de personnages illustrant des sujets mythologiques, comme celle que l'on voit sur la photographie inférieure. En haut, la cour Royale dominée par la statue de Louis XIV.

La cour de Marbre

L'accès au château se fait par la place d'Armes au-delà de laquelle se trouvent trois cours successives : la cour des Ministres, la cour Royale et la cour de Marbre que nous voyons sur la photographie. Autour de cette dernière se développe le corps central du château qui, outre les appartements des souverains et de leurs enfants, comprend la célèbre galerie des Glaces, les salons de la Paix et de la Guerre et quelques grandes pièces destinées aux réceptions officielles comme le salon d'Hercule.

Une grande place d'Armes s'étend devant le château, auquel on accède par trois cours successives : cour des Ministres, cour Royale et cour de Marbre. Au fond apparaît la façade avant de l'édifice, très sobre par contraste avec la façade postérieure. Cette dernière s'ouvre sur les jardins et produit un effet saisissant avec la pierre claire de ses murs et ses trois étages.

Versailles fut, surtout, résidence royale et c'est pourquoi l'intérieur en est encore plus étonnant. Les pièces sont d'une richesse unique ; cloisons et plafonds sont décorés de matériaux nobles : marbre, bois précieux, bronze, cuir doré. Le décorateur Le Brun fut assisté d'une armée d'ébénistes, de sculpteurs et de stucateurs qui parvinrent à un résultat admirable.

Dans l'aile du Nord se trouvaient les appartements des princes de sang royal qui n'appartenaient pas directement à la famille du roi. Dans le corps central, autour de la cour de Marbre, se trouvaient les grands appartements, ceux des souverains et de leurs enfants. Ils incluaient la galerie des Glaces et les salons de réception comme le salon d'Hercules et les deux salons de la Paix et de la Guerre, tous magnifiquement décorés. Dans l'aile du Midi, les pièces étaient réservées à des membres plus éloignés de la famille et à des personnes considérées de rang mineur. C'est pour cette raison qu'elle constitue la zone la plus « modeste » du château.

Les jardins sont magnifiques. Le Nôtre en conçut le tracé géométrique et l'arrangement symétrique de part et d'autre d'une allée centrale de 5 kilomètres de long, bordée de hautes charmilles, d'où partent des sentiers latéraux qui conduisent à un dédale de zones aménagées en jardins, ornées de fontaines, de statues et de petits pavillons d'une facture exquise.

Les bassins de Versailles comportent des groupes sculptés

Un palais différent

Bien que le palais de Blenheim fût construit au XVIIIe siècle, il n'a rien à voir avec les autres constructions de l'époque qui copiaient pour la plupart le luxe de Versailles. Par son style architectural, Blenheim est totalement novateur, presqu'un précurseur du préromantisme anglais. Les photographies montrent des vues du palais et du parc environnant.

Le rococo dans l'habillement

Dans l'habillement aussi le style rococo imposa ses règles. On utilisa des tissus somptueux comme le velours, la moire, la soie. On amplifia exagérément le volume des jupes et surtout des perruques qui devinrent extraordinairement compliquées. La coquetterie ne fut pas l'apanage exclusif des femmes, les hommes aussi se plièrent aux exigences de la mode.

de grande qualité, dont deux sont particulièrement remarquables : *Apollon sur son char,* par Tuby, dans l'axe de la façade postérieure, et *Apollon servi par les nymphes,* œuvre du sculpteur Girardon.

Une promenade dans les jardins est l'occasion de multiples découvertes étonnantes ; l'enchantement est à son comble avec l'Orangerie, grand bâtiment qui servait de serre pour les plantes exotiques, le petit jardin zoologique dit « La Ménagerie », les pavillons du Grand Trianon et du Petit Trianon ; ce dernier fut le préféré de la reine Marie-Antoinette, épouse de Louis XVI.

Le palais de Blenheim

Le palais fut construit en témoignage de reconnaissance du peuple anglais à John Churchill, duc de Marlborough, pour sa victoire du 13 août 1704 sur les troupes françaises et bavaroises dans la plaine de Blenheim, sur les rives du Danube.

Lorsque le duc revint en Angleterre, couvert de gloire, la reine Anne Stuart proposa au Parlement de lui offrir une récompense pour ses succès militaires. C'est ainsi qu'il lui fut fait don du domaine royal de Woodstock, une grande propriété de chasse.

Au centre de cette dernière se trouvait un château qui fut remplacé par un grand palais, dont le Parlement finança les travaux et qui reçut le nom de palais de Blenheim, en mémoire de la bataille.

Les travaux commencèrent en 1705. John Vanbrugh fut chargé du projet architectural et il s'assura la collaboration de Nicolas Hawksmoor. Non seulement le palais ne respecte pas les courants artistiques de l'époque, mais il est en totale rupture avec eux.

Le plan du bâtiment répond aux exigences néo-classiques de symétrie, mais on peut y observer un mélange de styles : l'étage supérieur révèle des influences élisabethaines et les quatre tours carrées rappellent l'époque médiévale. Vraiment, on pourrait dire que ce palais est précurseur du préromantisme anglais.

Les innovations sont encore plus notables dans le grand parc qui entoure le palais, également œuvre de Vanbrugh. L'architecte fit canaliser une rivière proche et y fit construire un pont grandiose d'inspiration italienne. Il le décora également de nombreux parterres aquatiques.

Le duc de Marlborough mourut en 1722 sans voir son palais achevé. Son épouse Sarah se chargea de mener les travaux à bien et accrut la gloire de son mari en faisant construire, à l'entrée du parc, un grand arc de triomphe d'inspiration classique.

La maison de Churchill

À l'heure actuelle, la décoration intérieure de Blenheim fait toujours l'objet de nombreux soins. La photographie montre une grande partie de l'élégante bibliothèque du palais. Les peintures du plafond, les tapisseries et tapis luxueux, les colonnes, les armoires et l'orgue, au fond, confèrent à cette pièce un aspect réellement accueillant. Dans cette demeure naquit Winston Churchill, descendant du premier duc de Marlborough.

Elle fit également élever une colline gazonnée sur laquelle fut érigée une statue de Marlborough en empereur romain.

La décoration intérieure était également d'un luxe extrême, avec des plafonds peints et de riches tapisseries.

Le palais changea progressivement d'aspect au fil des ans. En 1764, le nouveau duc voulut transformer le parc. Le paysagiste Brown remplaça l'ancien canal par un grand lac artificiel, ce qui entraîna la disposition d'une grande partie du pont ; la plupart des parterres furent également arrachés.

Au long des ans, des constructions mineures furent édifiées au gré du caprice des ducs successifs : High Lodge et Park Farm dans le style gothique, le temple de Diane et celui de la Santé dans le style néo-classique.

À titre d'anecdote, signalons que le palais vit naître l'un des grands hommes politiques de notre temps : Winston Churchill, descendant du duc de Marlborough.

Les châteaux d'Augustusburg et de Falkenlust, à Brühl

Ces deux châteaux, représentatifs du rococo allemand, respectent la tendance générale en matière artistique : une totale dépendance à l'égard de la France.

Augustusburg, résidence de Clemens August de Bavière, prince-électeur de Cologne, est de proportions réduites par rapport aux habitudes de l'époque. La raison en fut la nécessité d'utiliser les fondations d'un ancien château médiéval.

Le projet de construction comportait trois corps de logis : un corps central flanqué de deux ailes, l'aile nord et l'aile sud. Les matériaux employés pour la façade furent la brique et le mortier.

En 1728, alors que les travaux étaient bien avancés, la décoration intérieure fut confiée à Cuvillier, jeune architecte récemment venu de France. Au début, il dessina les appartements privés, que l'on appela l'Appartement jaune. Mais plus tard, il fut chargé de la réalisation d'un deuxième petit palais, Falkenlust, qui fut conçu comme un pavillon de chasse.

Augustusburg ayant été remodelé en 1740, l'architecte Neumann fut chargé de concevoir un nouvel escalier, qui fut son chef d'œuvre ; c'est aussi l'ouvrage le plus caractéristique du rococo allemand.

Il s'agit là d'un somptueux escalier d'honneur articulé autour d'un palier central sur lequel se dresse un curieux monument en forme de cénotaphe dédié à Clemens August.

Un exemple du rococo bavarois

Le château d'Augustusburg fut la résidence de Clemens August de Bavière, prince-électeur de Cologne. Ses petites proportions sont dues au fait que l'on a utilisé pour sa construction les fondations d'un ancien château médiéval. Sur la photographie inférieure, façade principale d'Augustusburg. En haut, vue extérieure de Falkenlust, pavillon de chasse du château ; c'est là que Clemens August pratiquait la chasse au faucon.

Une volée de marches conduit à ce cénotaphe, d'où partent les volées supérieures en encorbellement reposant sur des cariatides. Tout cet ensemble est couronné par une coupole décorée de fresques qui représentent des allégories à la gloire du prince-électeur.

Augustusburg possède des jardins à la française : des parterres symétriques disposés autour d'une pièce d'eau centrale.

De l'autre côté du jardin, au bout d'une avenue de tilleuls, se trouve Falkenlust. La construction du pavillon commença en 1729. Le bâtiment principal comporte deux étages, mais il existe également des constructions latérales à un seul niveau. Dans le parc qui l'entoure se trouve une petite chapelle ronde à décor de rocaille.

La décoration intérieure du petit palais se compose pour l'essentiel de scènes de fauconnerie et fait écho à celle d'Augustusburg, ce qui prouve que les deux constructions forment un tout inséparable.

Ces deux châteaux sont une preuve éclatante du faste que déployaient les princes allemands du XVIIIe siècle.

La résidence royale de Würzburg et ses jardins

Dans la première moitié du XVIIIe siècle, la famille Schönborn accéda au trône épiscopal de la ville de Würzburg, sur les bords du Main. Des membres de cette famille entreprirent la construction d'une résidence dont le but n'était autre que celui d'assurer et de renforcer le prestige de cette famille et de l'église catholique.

Les plans et les travaux de la résidence furent confiés à Balthazar Neumann qui s'inspira, comme il était naturel à l'époque, du château de Versailles. L'architecte autrichien Hildebrandt y collabora également. La résidence, dont la première pierre fut posée en 1720, est une imposante construction composée d'un corps central flanqué d'édifices latéraux. L'aménagement intérieur est grandiose. On y remarque la salle impériale, l'escalier central et l'église.

Neumann dessina les plans du grand escalier à trois volées qui conduit aux autres dépendances de l'édifice. Sa conception architecturale est tout aussi importante que sa décoration picturale.

L'église possède une toiture originale composée de trois coupoles imbriquées, décorées par des stucateurs et des sculpteurs renommés, où la combinaison des lignes concaves et convexes relève d'une exceptionnelle maîtrise. La loge supérieure, bordée d'une fine balustrade, conduit aux dépendances du palais.

En suivant l'exemple de Versailles

Les travaux de la résidence royale de Würzburg commencèrent en 1720. L'architecte, Balthazar Neumann, s'inspira, comme il était naturel à l'époque, du château de Versailles. Les magnifiques jardins sont également dus à Neumann. Sur la photographie, vue extérieure du château.

Un magicien de la couleur

La décoration intérieure de Würzburg fut réalisée par les plus grands artistes de l'époque, parmi lesquels se distingua l'Italien Giambattista Tiepolo. Les fresques qui couronnent le majestueux escalier sont précisément de ce grand maître. Le peintre a su rendre les effets de lumière et l'aspect velouté de la peau des personnages.

Après l'achèvement des travaux de construction fut entreprise la décoration intérieure dont la réalisation prit plus de vingt ans. Elle fut l'œuvre des plus grands artistes de ce temps, parmi lesquels se distingua le peintre italien Tiepolo. Ce dernier usa d'un nouveau mode de traitement des couleurs en supprimant de sa palette les tons sombres. Il excella également à rendre les effets de lumière et l'aspect velouté de la peau des personnages. Ses fresques décorent l'escalier et la salle impériale ; les sujets choisis évoquent l'histoire du duché et des princes-évêques de Würzburg. Sur les côtés est représenté le mariage de Frédéric Barberousse avec Béatrice de Bourgogne et la voûte centale comporte une allégorie sur un thème mythologique : Apollon conduisant dans son char Béatrice de Bourgogne, qui va à la rencontre de Frédéric Barberousse.

Les palais du XVIIIe siècle ne pouvaient se concevoir sans leur entourage de jardins spectaculaires. Pour cette résidence, Neumann en dessina de merveilleux avec des fontaines, des promenades, des étangs, des statues... On peut dire que la nature se mit au service de l'art décoratif.

L'aménagement des jardins s'acheva avec la création d'un bosquet à l'anglaise dont la principale caractéristique est qu'il donne l'impression de naturel et de liberté alors qu'il est au contraire totalement artificiel, créé par les soins experts des jardiniers.

La façade principale, à l'abondant décor sculpté, s'ouvre sur les jardins. Elle est précédée d'un vaste espace : la place de la Résidence, qui est flanquée de deux constructions tardives et qui constitue l'un des éléments les plus intéressants de tout l'ensemble, car elle est l'une des plus grandes d'Allemagne à s'être conservée intacte.

Des palais pour l'histoire

En souvenir d'une époque singulière, d'un siècle qui vit se produire de grands changements, il nous reste un ensemble de palais qui, considérés d'un point de vue architectural, sont magnifiques. Que dire d'eux si l'on pense à l'histoire que renferment leurs murs : sur les photographies du haut, les façades des châteaux de Versailles et d'Augustusburg. En bas, résidence royale de Würzburg et galerie de Fontainebleau.

Effets de lumière

Les fresques de la salle Impériale, le plus important salon de réception de la résidence de Würzburg, sont également de Tiepolo. Comme dans ses autres peintures, le Vénitien en a éliminé les tons sombres, obtenant ainsi des effets très lumineux.

Le Patrimoine de l'Humanité

Le château et le parc de Fontainebleau : l'un des ensembles architecturaux les plus importants de France, dont la construction s'est étendue sur plus de sept siècles. C'est un exemple éclatant de la rencontre entre les conceptions de la Renaissance italienne avec le génie français en matière d'architecture.
Le château et le parc de Versailles : lieu de résidence de la monarchie française de Louis XIV à Louis XVI ; on le considère comme le modèle parfait du palais royal.
Le palais de Blenheim : il fut édifié en l'honneur du duc de Marlborough qui vainquit les Français et les Bavarois en 1704. Winston Churchill y naquit.
Les châteaux d'Augustusburg et de Falkenlust, à Brühl : le château et son pavillon de chasse sont tous deux les premières manifestations du style rococo dans l'Allemagne du XVIIIe siècle.
La résidence royale de Würzburg et ses jardins : elle fut la somptueuse demeure des princes-évêques de Würzburg, appartenant à la famille Schönborn. Une équipe internationale d'architectes, de peintres, de sculpteurs et de stucateurs fut responsable de sa magnifique décoration.

Titres parus
dans la même collection

Les sites présentés ici sont inscrits sur la Liste du Patrimoine mondial. C'est en vertu de la Convention concernant la protection du Patrimoine mondial culturel et naturel adoptée par la Conférence générale de l'UNESCO en 1972 que cette liste est dressée par le Comité du Patrimoine mondial composé de spécialistes venant de 21 pays et élus par les États ayant adhéré à la Convention.

Doivent être progressivement inscrits sur cette liste les monuments et les sites dont l'intérêt est considéré comme exceptionnel et la valeur comme universelle du point de vue de l'histoire, de l'art, de l'esthétique, de la science, de l'ethnologie, ou de l'anthropologie de sorte que leur sauvegarde intéresse l'humanité tout entière.

En proposant pour inscription sur la Liste du Patrimoine mondial des monuments ou des sites naturels situés sur leur territoire, les États reconnaissent qu'ils sont responsables de la sauvegarde de ces biens et acceptent un contrôle international à cet égard.

Il y a actuellement 111 États-parties à la Convention et 322 biens inscrits.

L'UNESCO, en faisant adopter la Convention du Patrimoine mondial (1972), a posé le principe de la coopération internationale en matière de sauvegarde du patrimoine culturel et naturel de l'humanité.

Le Comité gère le Fonds du Patrimoine mondial, alimenté par des contributions obligatoires des États, calculées en fonction de leur participation au budget ordinaire de l'UNESCO, par leurs contributions volontaires ou par des dons, produits de campagnes nationales ou internationales ou de ventes. Ce Fonds est utilisé pour apporter une assistance internationale aux États qui en font la demande et les aider pour assurer la protection des biens du Patrimoine mondial.

Photographies

Couverture : K. Granger/Incafo ; page 3 : M. Escobar & V. Hémery/Incafo ; page 5 : M. Escobar & V. Hémery/Incafo, K. Granger/Incafo ; page 6 : L. Alonso & M. Fernández/Incafo ; page 7 : P. Coll & J. del Hoyo/Incafo ; page 9 : M. Escobar & V. Hémery/Incafo ; page 11 : M. Escobar & V. Hémery/Incafo, M. Escobar & V. Hémery/Incafo, K. Granger/Incafo ; page 12 : K. Granger/Incafo ; page 13 : K. Granger/Incafo ; page 15 : K. Granger/Incafo ; page 17 : K. Granger/Incafo ; page 19 : P. Coll & J. del Hoyo/Incafo, L. Alonso & M. G. Fernández/Incafo ; page 21 : P. Coll & J. del Hoyo/Incafo ; page 23 : Oficina de Turismo Británico ; page 25 : J. Whitaker, por cortesía del Duque de Marlborough ; page 27 : M. Escobar & V. Hémery/Incafo ; page 29 : M. Escobar & V. Hémery/Incafo ; page 30 : M. Escobar & V. Hémery/Incafo ; page 31 : L. Alonso & M. G. Fernández/Incafo, M. Escobar & V. Hémery/Incafo, M. Escobar & V. Hémery/Incafo, K. Granger/Incafo. Dos de couverture : K. Granger/Incafo, M. Escobar & V. Hémery/Incafo.

Texte de M. CASTILLO et E. CARRION traduit par F. ALOS et adapté par les coéditeurs.